AF264221

COMITÉ RÉPUBLICAIN PROGRESSISTE

DE SEINE-ET-MARNE

SIÈGE A LAGNY

CONFÉRENCE

DE M. J. AYLIES

VICE-PRÉSIDENT DU CONSEIL GÉNÉRAL DU GERS

CHEF DU SECRÉTARIAT DE L'ASSOCIATION NATIONALE RÉPUBLICAINE

5 AVRIL 1896

DÉCLARATION DE PRINCIPES

La politique résolument progressiste peut seule préserver le pays des rêveries utopiques et des agitations violentes, en assurant, dans la légalité, la réalisation des réformes politiques et l'amélioration du sort des classes laborieuses, réclamées par l'immense majorité du parti républicain.

Dès lors, il est indispensable pour préparer en Seine-et-Marne le triomphe loyal de ces principes, d'une façon énergique et constante, d'y constituer un Comité permanent, dont la propagande et l'action s'exerceront principalement par la presse, les conférences et les réunions.

Un Comité cantonal est dans ce but fondé à Lagny.

Ce Comité se mettra en rapport avec les Comités des autres cantons soutenant les mêmes principes politiques de manière à créer une unité d'action dans tout le département.

CONFÉRENCE DE M. A... ÎES

Le Progrès Social et Politique

Je remercie le Comité républicain progressiste de Lagny d'avoir, en cette circonstance, fait appel à mon concours. Je suis très heureux de vous apporter ma collaboration dans l'organisation de votre Comité. Quant à ce que vient de dire votre Président du « développement de votre programme », je décline l'honneur de pouvoir remplir une tâche aussi difficile et aussi délicate que celle-là. Mais je ferai de mon mieux. Des hommes plus autorisés que moi auraient pu s'en acquitter. C'est sous cette réserve que je vous demande et votre indulgence et votre attention.

Cependant, avant d'aller plus loin, votre excellent Président me permettra d'ajouter un correctif à ce qu'il vient de dire : Si je soulevais, sinon quelque interruption, du moins quelques questions ou observations, dans le cours de cette conférence, j'en serais heureux et j'y répondrais avec plaisir.

I. Les Principes Progressistes

J'ai choisi comme sujet : *Le Progrès social et politique.* Ce titre m'a paru répondre au but que vous poursuivez. Vous dites, en effet, dans votre déclaration de principes :

« La politique résolument progressiste peut seule préserver le pays des rêveries utopiques et des agitations violentes, en assurant dans la légalité, la réalisation des réformes politiques et l'amélioration du sort des classes laborieuses, réclamées par l'immense majorité du parti républicain. »

Or, dans l'article 2 des statuts de l'Association nationale républicaine, que j'ai l'honneur de représenter ici, il est dit, ce qui me paraît absolument semblable à la déclaration de principes de votre comité : « L'Association a pour but le triomphe d'une politique d'union sociale, de progrès et de liberté, conforme aux principes de la Déclaration des Droits de l'homme. »

S'il osait, en passant, parler de lui-même, le conférencier qui a l'honneur de prendre la parole devant vous, vous dirait que récemment encore, dans une profession de foi qu'il adressait aux électeurs qui lui ont fait l'honneur de lui renouveler son mandat au Conseil général du Gers il s'exprimait ainsi :

« Aujourd'hui, comme il y a six ans, le programme par lequel je sollicite vos suffrages est avant tout l'affirmation d'une politique de progrès et de réformes démocratiques. Au contraire, les chimères et les violences du parti socialiste, au lieu de faire avancer la démocratie et le progrès, les feraient reculer bien loin dans les ténèbres et mettraient en péril les plus précieuses conquêtes de la Révolution : « la liberté, les droits du travail et la propriété individuelle. »

On me fit, à cette occasion, l'honneur de mobiliser contre moi tout l'état major du parti socialiste de la région. Au dernier moment, M. Millerand lui-même, le chef du parti, donna de sa personne. M. Thierry-Cazes, le député socialiste, n'en fut pas moins battu par votre serviteur.

Je vous demande pardon de cette digression personnelle ; je ne m'y suis livré que pour vous montrer que vous n'avez pas devant vous un avocat prêt à plaider le pour ou le contre, mais un homme dont les opinions éprouvées se sont depuis longtemps nettement manifestées. (Bravos et applaudissements).

Messieurs, la politique de progrès démocratique n'existe-t-elle donc que d'aujourd'hui ? Il me semble qu'il y a parmi vous, dans notre parti, beaucoup d'hommes qui ont assisté à l'épanouissement des principes républicains après avoir été témoins des efforts que les représentants de ce parti ont faits depuis vingt-cinq ans pour arriver au triomphe de ces principes. Comment, le parti républicain aurait combattu, travaillé durant vingt-cinq ans, et il n'aurait obtenu aucun résultat ? Allons donc ! Il n'y a que les adversaires systématiques, il n'y a que ceux qui dénigrent de parti pris les hommes qu'ils ont combattus et dont ils ont entravé la tâche, qui puissent nier les efforts accomplis et les résultats obtenus. Et aujourd'hui, à la tête de ce parti républicain progressiste auquel nous nous honorons d'appartenir, resplendissent comme deux phares lumineux, vers lesquels nous devons avoir sans cesse les regards tournés, les noms de Gambetta et de Jules Ferry. (Applaudissements).

II. Le bilan républicain

Mon Dieu ! mes chers concitoyens, il faut être de bonne foi en toutes choses. Il faut se rendre compte de ce qu'était le pays il y a vingt-cinq ans, après la guerre étrangère et la guerre civile les plus lamentables et les plus désastreuses que notre pays eût connues depuis longtemps.

LA RÉORGANISATION NATIONALE

Le pays était ruiné, nos armées avaient à peu près disparu. Nous nous trouvions en présence de l'envahisseur : pas de ressources ni de soldats, et douze milliards à payer. Aujourd'hui que voyons-nous, au contraire ? Notre pays reconstitué, faisant figure dans le monde et, non seulement y tenant sa place, mais recherché comme ami et comme allié ; protégé par une armée qui n'a rien à envier à aucune autre, par une triple ceinture de forteresses et de camps retranchés, et par une marine à l'avenant, ne provoquant personne mais ne redoutant personne. Voyez-vous le chemin parcouru ? Et l'on viendrait dire que nous n'avons rien fait ! Mais les résultats sont là qui témoignent de l'œuvre accomplie et qui donnent un démenti formel aux détracteurs de la réorganisation nationale.

Il est un fait incontestable, c'est que depuis 1878, depuis le traité de Berlin, nous sommes rentrés dans le concert européen. On a compté avec nous et depuis ce moment-là nous avons pu préparer et accomplir la conquête de la Tunisie. Plus près de nous, nous avons eu ces deux manifestations éclatantes que vous connaissez bien, de Cronstadt et de Toulon, qui ont consacré l'union, l'alliance de la Russie et de la France vis-à-vis de la Triple-Alliance. N'est-ce rien, cela ?

Tout récemment encore, est-ce que nous n'avons pas été les arbitres essentiels dans la lutte terrible qui a eu lieu en Extrême Orient entre la Chine et le Japon ? Est-ce que cela eût existé si nous n'avions pas été les maîtres au Tonkin et dans toute l'Indo-Chine orientale ? Et ne pourrions-nous pas être encore les arbitres incontestés en Égypte, étant donnée la puissance effective que nous a procurée, d'une part, la possession de la Tunisie et, d'autre part, la conquête récente de Madagascar, toutes choses qui ont démontré d'une façon irrécusable le relèvement glorieux que le gouvernement de la République française a valu à la France, en face de l'Europe et du monde entier ? (Vifs applaudissements).

LES RÉFORMES POLITIQUES ET SOCIALES

Messieurs,

Ce bilan rapide, de notre réorganisation nationale et de nos succès à l'extérieur, serait incomplet si je passais sous silence ce qui a été fait pendant la même période au point de vue économique et social.

En 1870, notre réseau de chemins de fer se chiffrait par 17,000 kilomètres de voies ferrées. Aujourd'hui nous atteignons près du quarante millième kilomètre. Nous avons donc dans ces vingt-cinq années plus que doublé notre réseau de chemins de fer. Je ne parle qu'en passant du réseau télégraphique et téléphonique, des chemins vicinaux et des chemins de grande communication, dont le développement atteint 600.000 kilomètres. Constatons en même temps l'extension de notre production nationale, agricole et industrielle, qui est venue contrebalancer heureusement cette concurrence étrangère qui nous est si nuisible et à laquelle on a dû opposer un régime exceptionnel de protection, nécessaire tout au moins pour sauvegarder, avec les revenus de l'industrie et de l'agriculture, les salaires des ouvriers et des cultivateurs. Notre commerce s'est augmenté depuis 1869 de près de deux milliards. Notre crédit — le crédit qui témoigne de la vitalité d'un peuple — ne s'atteste-t il pas par ce fait indéniable, de la situation de la France, créancière pour vingt-cinq milliards des peuples étrangers? Sans compter l'ensemble de la fortune mobilière doub.ée, les cinq milliards de dépôts provenant des Caisses d'épargne ou des institutions de prévoyance, les trois milliards et demi qui sont déposés dans les caves de la Banque de France, et qui constituent notre « Trésor de guerre », notre « Tour de Spandau » dans le cas d'une agression étrangère (Applaudissements).

Et des gens viennent dire que l'on n'a rien fait? Allons donc ! C'est nier la lumière du jour ; c'est vouloir biffer d'un trait vingt-cinq années de notre histoire ! Evidemment cette histoire n'est pas sans reproche, elle porte, comme toutes les autres, la marque de nos faiblesses et même de nos fautes ; mais, encore une fois pour l'honneur du pays et des institutions républicaines, ne méconnaissez pas ce qu'ont fait vos devanciers ! (Bravos et applaudissements).

A ces résultats de la réorganisation nationale, soit dans l'ordre défensif, soit dans l'ordre économique, il faut ajouter ces deux choses essentielles : la réforme scolaire et la réforme militaire. L'instruction gratuite, obligatoire et laïque, d'un côté, le service militaire général pour tous, de l'autre, ont consacré ce principe de la Révolution française : l'égalité de tous devant la loi, l'égalité de tous les enfants devant l'enseignement primaire et l'égalité de tous les jeunes citoyens devant l'impôt du sang.

Je ne suis pas fâché de rappeler ces deux lois essentielles à un moment où, au point de vue de l'égalité devant l'impôt, on paraît vouloir faire à rebours des catégories de privilégiés Alors que devant l'instruction populaire et devant le service militaire on a enfin établi l'égalité, il convient de respecter aussi l'égalité dans l'application de l'impôt par la proportionnalité, c'est-à-dire en raison de la fortune de chaque citoyen. (Applaudissements).

Nous reparlerons tout à l'heure de cette question impor tante. Je n'en dis qu'un mot en passant maintenant pour vous montrer la connexité intime qui existe, au point de vue des principes d'égalité, entre elle et les législations démo- cratiques de l'enseignement et du service militaire.

Est-ce à dire, Messieurs, que durant cette période de vingt-cinq années, dont je viens de résumer les faits essentiels et les principaux résultats, les républicains qui étaient au pouvoir, qui ont eu les charges et les responsabilités de la direction des affaires publiques, n'ont trouvé devant eux que des chemins de roses ? N'y a-t-il pas eu d'épines et de ronces sur leur passage ? Ah ! Messieurs, ce serait méconnaître l'existence d'adversaires redou'ables et les efforts qu'ils ont faits pour entraver l'œuvre des républicains de gouvernement.

LES ADVERSAIRES DE LA RÉPUBLIQUE

Il y a quatre dates qui émergent à ce point de vue dans l'histoire de notre troisième République : ce sont les années 1873, 1877, 1885 et 1889.

1873 et 1877, sont les deux années qui ont marqué le mouvement offensif de ce qu'on a appelé « l'ordre moral ». Le 24 mai 1873, M Thiers était renversé du pouvoir par les monarchistes parce qu'il s'était rallié à la République Le 16 mai 1877 marqua un retour offensif du parti monarchique et clérical, qui voyait avec désespoir le parti républicain, appuyé sur la nouvelle Constitution, prendre pied décidément dans le pays. A tout prix il fallait l'empêcher d'y pousser de profondes racines. Le parti républicain résista. Les contemporains de cette époque — qui n'est pas déjà si éloignée de nous — ont gardé le souvenir vivace de la résistance vigoureuse avec laquelle, sous la direction de Gambetta et du Comité des 18, le parti républicain repoussa ce mouvement offensif de la réaction contre les idées républicaines progressives et libérales.

Les deux tentatives de l'ordre moral éprouvèrent donc successivement, à quatre années de distance l'une de l'autre, le plus grave échec. Mais nos adversaires sont tenaces, ils ne capitulent pas aisément ; plus tard ils devaient revenir à la charge. Pourtant on pourrait parfois se plaindre de les voir parfois disparaître, car alors, comme les troupes d'Annibal après la victoire, nous sommes tentés de nous endormir dans les délices de Capoue, à moins que nous ne retournions contre nous-mêmes les armes qui ne peuvent plus servir contre l'ennemi.

En 1885, on nous réveilla joliment. Nous avons assisté alors à une alliance — que je n'ai pas à caractériser — à une alliance du parti radical d'alors avec les droites monarchiques. A ce moment, l'expédition du Tonkin se poursuivait au milieu de difficultés grandes et d'une opposition incessante ; il s'en fallut de peu, vous le savez, qu'une majorité réactionnaire ne vint remplacer à la Chambre des députés la majorité républicaine qui y était auparavant. Heureusement le pays se ressaisit bientôt et ce péril fut écarté.

Mais il devait en venir un autre : le boulangisme. En 1889, la clairvoyance et la décision du corps électoral firent disparaître ce nouveau péril. L'air national fut ainsi purifié du virus césarien qui était revenu sous la figure du général Boulanger, et qui, au fond, ne cachait qu'une nouvelle tentative de la réaction monarchique et cléricale, soit que cette réaction s'inspirât des Bonaparte, soit qu'elle agit au profit du comte de Paris. (Bravos et vifs applaudissements).

LES RALLIÉS ET LE CLERGÉ

Messieurs, à ce moment-là, on s'est dit que, le boulangisme étant vaincu, la réaction avait cessé d'être et que tout au moins les adversaires de la République n'existaient plus. On avait un peu raison. Ils avaient éprouvé de si rudes défaites dans leurs campagnes successives contre les institutions républicaines, qu'ils prirent le sage parti de cesser la lutte. Alors se produisit un mouvement qu'il est impossible de ne pas signaler, en envisageant l'histoire de ces dernières années : le mouvement de « ralliement vers la République ». Les ralliés, j'en connais de très sincères et j'ai reconnu leur sincérité, savez-vous quand? Quand ils ont énergiquement soutenu les candidats républi ains contre les monarch stes. Les bons ralliés, les voilà ! (Applaudissements). Quant aux au'res, mon Dieu ! il est facile de les connaître. Quelques-uns ne se cachent pas, ils ne se sont pas cachés — du moins dans les régions que je connais — de dire qu'ils n'essayaient de rentrer dans la République que pour s'en emparer. Cette façon de jouer le rôle des soldats d'Ulysse, cachés dans les flancs du cheval de Troie, afin de pénétrer dans la place pour la livrer, ne me paraît pas une manière de faire acceptable, un ralliement qui puisse désarmer nos défiances et notre prévoyance. (Applaudissements).

Nous n'entendons pas que les Grecs, c'est-à-dire les monarchistes, entrent dans la République pour s'en emparer. Nous aimons mieux de francs ennemis? (Applaudissements).

A propos des « ralliés » on a mis en évidence — et on ne pouvait pas ne pas le faire — le rôle du clergé dans nos affaires politiques. Je n'ai pas à apprécier, vous le concevez bien, moi, simple profane, (on rit) l'attitude du chef de la papauté vis-à-vis de la République française. Il n'est pas douteux que son langage a été particulièrement conciliant et que l'attitude respective des belligérants en a été heureusement modifiée. Mais la vérité aujourd'hui comme hier, après comme avant l'encyclique de Léon XIII, c'est que la seule ligne de conduite que nous puissions approuver, se trouve, dans les traditions du parti républicain : « que le prêtre reste à son église ». (Vifs applaudissement).

III. Le socialisme nouveau

A peine le danger du boulangisme était-il écarté qu'il en surgissait un autre. Ce danger, on ne l'avait pas trop aperçu ; lui aussi s'était dissimulé. Il semblerait pourtant que nous le portions en nous, comme si l'épanouissement de notre régime et de nos plus précieuses libertés devait faire naître à sa suite quelque excroissance pernicieuse qui menace à un certain moment le corps social et l'organisme national tout entier. Le *socialisme nouveau* est né en 1893 ! Voilà la nouvelle excroissance.

Je dis le « socialisme nouveau », car enfin le socialisme, pas plus que l'Amérique, n'a été découvert d'hier. Il y a longtemps qu'on en a entendu parler pour la première fois. Il y a même eu dans notre pays un écrivain puissant, un homme dont le génie critique en même temps que les vastes conceptions font justement notre honneur. Cet homme, c'est Proudhon. C'était un socialiste dont je n'approuve pas certes toutes les idées ; mais il n'avait pas découvert le collectivisme. C'est pour cela que je dis que le socialisme qu'on nous a fait n'est qu'une excroissance nouvelle, née sur le cadavre et faite de l'essence même du boulangisme.

LES HOMMES DE 1848 ET GAMBETTA

Ainsi que je vous le disais tout à l'heure, il n'y a pas de comparaison entre le socialisme ancien, que beaucoup d'entre vous ont pu connaître, dont beaucoup du moins ont entendu parler, et le socialisme nouveau. Les écoles socialistes en 1848 étaient nombreuses ; les idées philanthropiques et généreuses ne se sont jamais mieux manifestées qu'à cette époque brillante de l'histoire républicaine de notre pays. Mais on n'avait pas eu encore la conception, qui nous est arrivée un jour par le congrès ouvrier internationaliste de Marseille, dirigé surtout par un délégué allemand, le socialiste Liebneckt. C'est ce même congrès qui envoya à M. Jaurès, alors candidat législatif dans la circonscription de Carmaux, le mandat impératif d'avoir à se soumettre au programme que venait d'arrêter ce congrès ouvrier-international. Eh bien, c'est de là, c'est de l'autre côté de la frontière, que nous est venu ce socialisme nouveau ! Il est certain qu'il nous sortait, de l'idéologie, — si je puis m'expliquer ainsi, — du socialisme républicain de 1848. Nos pères de 1848 étaient de très braves gens. — mon père en était, et il a payé par deux fois de la proscription, ses idées avancées, ses idées socialistes ; — mais ils n'étaient pas collectivistes. Les aspirations de nos pères de 1848 étaient des aspirations vagues et nébuleuses. L'esprit pratique leur faisait certainement défaut ; ils n'avaient pas su encore suffisamment analyser, coordonner les idées généreuses et vraiment louables qui les animaient.

Après les vingt années d'étouffement du second Empire surgit un homme d'Etat, un patriote qui, déjà avant le 4 septembre 1870 traçait au parti républicain la ligne de conduite à suivre, soit au point de vue politique, soit au point de vue social. Cet homme, ce patriote, c'est Gambetta. Gambetta a affranchi notre pays des idées internationalistes qui l'avaient trop pénétré. Il dit à son parti : « La République doit représenter avant tout un parti national ». Notre nation par l'effet de sa propre générosité a toujours été la dupe des autres nations. Charité bien ordonnée commence par soi-même. Commençons par faire nos propres affaires, nous verrons ensuite si nous devons venir en aide aux autres. Gambetta a fondé ainsi le véritable parti républicain français. Il a préconisé une politique positive, par la méthode dans le travail et dans la propagande; il a créé ainsi le parti des « républicains de gouvernement ». Au point de vue social, Gambetta a trouvé la véritable formule du progrès en disant dans un de ses discours : « Il n'y a pas une question, il y a des questions sociales ».

A partir de ce moment-là, un champ vaste et fécond a été ouvert à l'étude, et aux efforts des hommes de science et de conscience, à la recherche des réformes possibles et désirables. Ainsi, à l'encontre des conceptions nuageuses, aventureuses et incertaines, nous avons pu faire quelque chose, ce quelque chose que j'énumérais tout à l'heure : la réorganisation nationale militaire et économique de notre pays. (Vifs applaudissements).

L'ILLUSION ET LA RÉALITÉ SOCIALISTES

Messieurs,

Le nouveau parti socialiste résume en deux mots ses aspirations. Son objectif, c'est la nationalisation de la propriété et la socialisation des moyens de production. Vous comprenez bien la valeur de ces termes ; ils s'expliquent d'eux-mêmes. La nationalisation de la propriété, c'est la propriété une, exclusivement nationale, la suppression de la propriété individuelle disparaissant dans la propriété collectiviste. La socialisation des moyens de production : tout ce qui est outillage, grand ou petit, devient outillage de l'Etat. Dans cette immense congrégation, si je puis parler ainsi, les individualités disparaissent. Au fait il n'est pas besoin d'aller bien loin pour voir fleurir le collectivisme et savoir ce qu'il porte dans son sein. Il n'y a qu'à frapper à la porte d'un couvent quelconque ; on l'y voit dans toute sa beauté. Dans les couvents la personnalité humaine n'existe plus, il n'y a plus d'individualités, tout appartient à tout le monde et nul en particulier ne possède rien. On voit bien des corps qui se meuvent, mais il n'y a plus d'êtres vivants. (Applaudissements).

Messieurs,

Je ne conteste pas que si j'avais M. Jaurès pour contradicteur je serais moins à l'aise pour vous exposer mes idées. Je le serais d'autant moins que je me trouverais moi-même séduit par son éloquence, par le charme de la parole de cet ancien député centre gauche et opportuniste du Tarn, qui a trouvé son chemin de Damas, comme je vous le disais tout à l'heure, dans ce congrès de Marseille qui lui avait envoyé le mandat impératif, d'accepter son programme s'il voulait être assuré d'être nommé député de Carmaux. Si je me trouvais en face de M. Jaurès, le « poète du socialisme », comme on l'a appelé, qui parle à la foule des travailleurs ce langage magnifique, imagé, où à tous les mots, dans toutes les périodes, il promet aux malheureux qui peinent le paradis terrestre et... les allouettes toutes rôties, (on rit), il est probable que je n'aurais pas gain de cause. Mais on connaît ce charmeur. Je vous parlais tout à l'heure de Troie et d'un homme célèbre dans l'antiquité, je ne sais pas s'il a existé, le prudent Ulysse. Ce même Ulysse pour éviter une certaine sirène, charmeuse par excellence conseilla inutilement d'ailleurs aux navigateurs ses compagnons de se mettre de la cire dans les oreilles, s'ils ne voulaient pas être entraînés dans les abîmes. Moi aussi je voudrais pouvoir empêcher la démocratie de tomber dans la profondeur des désillusions irréparables.

Le socialisme, en effet est comme la sirène. Gardons-nous de ses séductions !

Le socialisme est encore comme ces mirages du désert qui surprirent et troublèrent tant nos soldats de la campagne d'Egypte. On croit apercevoir devant soi de magnifiques oasis. On se précipite en avant d'autant plus vite que l'on souffre davantage de la faim et de la soif, mais l'image des choses après lesquelles on court, s'éloigne à mesure qu'on marche. Le lendemain le mirage a disparu et l'on ne distingue plus devant soi que l'immense plaine de sables, embrasée sous les rayons brûlants du soleil. On est terrassé par la fatigue et les privations, et quand on se retourne et qu'on regarde la route parcourue on voit qu'elle est semée de morts et de mourants... Voilà pourtant le socialisme qu'on vous préconise ! ! (Applaudissements répétés).

M. Jaurès, ce poète, a prétendu que la chanson socialiste dont il était le virtuose devait remplacer la vieille chanson chrétienne. C'est une présomption que les événements ne justifieront pas. La chanson chrétienne incite à croire à l'impénétrable et à l'insaisissable. Je ne nie pas que la chanson socialiste n'ait de ce côté bien des points de ressemblance avec elle, encore qu'elle s'adresse surtout aux appétits, mais elle ne saurait être éternelle. Quant à moi, chanson pour chanson, je ne sais chanter que le vieux refrain sain et viril de la vieille démocratie française, qui ne promet pas plus de beurre que de pain, mais nous donne le progrès et la justice dans la mesure humainement possible. (Applaudissements).

Le parti socialiste et les ouvriers

Messieurs,

A côté de la poésie, je vous ai dit tout à l'heure que le nouveau socialisme se distinguait de l'ancien par les visées pratiques. Il n'est pas douteux, par exemple, que M. Jules Guesde, qui est le véritable apôtre, le commentateur autorisé de la doctrine socialiste, n'ait toujours dit que ce que voulait le parti socialiste, c'était le nivellement de la propriété ou plutôt la suppression de la propriété individuelle, pour n'en faire qu'une seule, la propriété collectiviste. Mais quand M. Jaurès daigne descendre des hauteurs de l'Empyrée sur la terre, et qu'il présente une proposition à la Chambre, il en est de même. Un jour il demande la confiscation des mines au profit de l'Etat, sous la condition de n'indemniser que les porteurs de moins de 3.000 fr. de capital d'actions. Auparavant, à la fin de la dernière législature, M. Jaurès avait proposé l'établissement d'un impôt de 60 centimes par franc sur toute fortune à succession au-delà de 50.000 francs. Voilà le but du socialisme et du collectivisme caractérisé par des faits précis.

Quand, à la suite de ces propositions et de leurs tendances, les orateurs du parti socialiste viennent vous dire : il nous faut une révolution violente, pour détruire l'état de choses actuel, on peut les croire sans peine parceque vraiment il n'y a que la violence qui soit capable de faire prévaloir de pareilles doctrines ! (Appl.).

Les socialistes ont eu l'habileté de vouloir confondre leur cause avec celle des ouvriers. Mais tous les actes du parti socialiste témoignent que les intérêts de la masse des citoyens les plus laborieux et les plus intéressants, à tous les points de vue, sont — si je puis dire — le cadet de ses soucis. Ce qui intéresse surtout le parti socialiste, c'est, — nous le voyons bien aujourd'hui — la possession ou l'influence du pouvoir. Il prétend avoir le monopole de la défense des intérêts du prolétariat, il le revendique à chaque instant ; mais en réalité c'est pour s'y appuyer, se hisser toujours plus haut et non pour améliorer avant tout la situation des travailleurs. Et comment le contester, lorsque nous voyons, depuis cinq ou six ans, les grèves prendre une extension inconnue jusqu'alors dans notre pays, sur l'intervention des commis-voyageurs en grève du socialisme collectiviste et international ? Je puis à cet égard fournir des exemples topiques.

M. Jules Guesde écrivait dans le *Matin* — il y a environ deux ans, pendant la grève des mineurs du Pas-de-Calais — un article où il exprimait la crainte que les grévistes n'arrivassent à s'entendre avec les administrateurs des mines. Il disait, en parlant du syndicat des mineurs : « Vous allez voir qu'il va réussir à faire cesser la grève ! » Il appréhendait en effet que la grève prit fin. La misère se développait parmi les mineurs et leurs familles. Aussi, en faisant cesser la grève, allait-on empêcher 40,000 révoltés de plus, de grossir l'armée de la Révolution sociale Voilà comment le socialisme défend les intérêts et la vie des ouvriers ! Ce sont là les théories de M. Jules Guesde, il ne s'en cache pas, c'est un socialiste Révolutionnaire.

Mais, il s'est passé dans la Loire, il y a quelques mois, un fait plus significatif encore au point de vue du caractère de l'action du parti socialiste dans les grèves et du peu d'intérêt que les droits et les besoins des ouvriers lui inspirent. Un député de la Loire, l'infatigable et dévoué président de l'Association nationale républicaine, M. Audiffred, venait d'être nommé sénateur de ce département. Il représente à la Chambre l'arrondissement de Roanne, où fonctionnent de grandes industries. Quelques jours après sa nomination de sénateur un mouvement de grève se produisit dans les industries de la circonscription C'était le parti socialiste qui l'organisait en vue de l'élection législative, qui allait avoir lieu pour remplacer M. Audiffret comme député. En présence de cette situation l'honorable député de Roanne n'hésita pas. Il refusa le mandat de sénateur, quelque avantage qu'il put personnellement y trouver. Sa détermination jeta le désarroi parmi les propagandistes des grèves. Bientôt il ne fut plus question de cessation de travail, les agitateurs socialistes avaient disparu avec le mobile qui les avait fait agir. (Applaudissements). La préoccupation du parti socialiste c'est avant tout, vous le voyez, son intérêt politique ; les ouvriers ne passent qu'après (Bravos, vifs applaudissements).

IV. Les Progrès à réaliser

Je vous demande pardon, messieurs, de m'être étendu si longtemps d'abord sur la partie historique du parti républicain, ensuite sur la critique du parti socialiste. Je manquerais cependant à ma tâche, à mes sentiments personnels, si maintenant je n'abordais pas la partie qui me tient autant au cœur, la plus utile à coup sûr, celle qui concerne les progrès à réaliser.

Ah ! je ne suis pas de ceux qui trouvent que tout est pour le mieux dans la meilleure des démocraties. Je trouve, au contraire, que rien n'est fait tant qu'il reste quelque chose de bien à faire.

L'IMPÔT SUR LE REVENU

Vous vous êtes entretenus tous, plus ou moins, ces jours-ci, d'une question qui est, je le reconnais, à la tête de toutes les autres, je veux parler de la réforme de l'impôt. C'est une grave question, qui n'est pas aussi facile à résoudre qu'on pourrait le penser, et qui ne trouve pas sa solution dans une seule formule : impôt sur le revenu ou sur les revenus, personnel ou réel proportionnel ou progressif. Il est un point sur lequel nous sommes, je crois tous d'accord, c'est que les uns paient trop et les autres pas assez. La masse qui travaille et consomme beaucoup paie beaucoup trop, par rapport à ceux qui besognent et consomment moins. Je suis si bien convaincu de l'inégalité criante qui préside à la distribution des charges publiques que dans la mesure de mes forces et des instruments que j'ai à ma disposition, par la plume ou la parole dans la presse, par des conférences ou dans l'exercice de mon mandat de conseiller général du Gers, je travaille résolûment à la faire disparaître Or, ce que le Gouvernement a proposé et qu'il a eu ensuite la sagesse de retirer, le projet d'impôt global et progressif sur le revenu, avec la taxation et la déclaration obligatoire du revenu pour chacun des huit millions de contribuables, ne tenait pas debout et présentait des inconvénients considérables.

Comment, c'est M. Doumer, ministre des finances, député de l'Yonne et adversaire déclaré de l'établissement de l'exercice chez les bouilleurs de crûs, qui voulait par l'impôt global et progressif sur le revenu, par les déclarations et les taxations, établir l'exercice chez tous les citoyens et contribuables français ? Allons donc, en voilà une anomalie ! (Applaudissements). Que faites-vous alors de la liberté et des conquêtes de la Révolution française ? Mais soyez donc logiques, ne vous contredites pas ainsi vous-mêmes ! Réfléchissez à deux fois ! Nous sommes d'accord : il y a quelque chose, il y a même beaucoup à faire ; mais, ma parole, si vous donnez des remèdes pires que le mal, des remèdes qui nous tuent ; si malades qu'on nous croie, nous aimons mieux ne pas les prendre ! (Double salve d'applaudissements).

Je vous demande pardon, de vous donner à mon tour mon opinion personnelle sur ce problème de l'impôt direct, si complexe soit-il Mais j'estime qu'en toute discussion de cet ordre la critique ne suffit pas.

LA CONTRIBUTION PERSONNELLE

J'ai la naïveté de penser que lorsque la Révolution française a décrété l'égalité de tous les citoyens devant la loi, elle a voulu dire que cette égalité devait exister aussi bien devant l'impôt que devant l'instruction publique et le service militaire ; non point l'égalité mathématique, qui consisterait à faire payer également à chacun de nous soit 5, soit 10 fr , mais l'égalité consistant à réclamer de chacun une contribution en rapport avec ses facultés. Voilà ce que la Révolution française a voulu dire au point de vue fiscal par ce mot d'égalité (Applaudissements).

Je crois — et je vous dois très franchement là-dessus ma pensée — que le premier devoir d'un citoyen, jouissant de ses droits civils et politiques, qui peut se présenter devant l'urne électorale parce que son casier judiciaire est vierge de toute tache, est de tenir à honneur de payer sa contribution personnelle.

(Voix nombreuses : oui, oui.) (Applaudissements.)

Aussi suis-je étonné que mes amis de la Chambre aient accepté, sans mot dire, la formule intégrale de la suppression des contributions personnelle et mobilière. Mobilière, oui ; personnelle, non. Celle-ci nous voulons la payer tous. (Applaudissements répétés)

Voici un premier point acquis. Quand nous paierons tous notre cote personnelle — j'en exclus évidemment les indigents — qui varie, suivant les départements, de 3, 3,50, 4 ou 4 fr. 50 — je ne sais pas quelle est votre cote (M. le président : 3,25) — nous pourrons alors étudier avec fruit la révision de l'impôt direct. Remarquez en passant dans l'intérêt des futurs budgets que la contribution personnelle représente une vingtaine de millions. Ça ne se trouve pas, comme on dit vulgairement, sous le pied d'un cheval. (*On rit*).

LA RÉVISION DE LA CONTRIBUTION MOBILIÈRE

Lorsqu'il s'agira de réviser, de remplacer la contribution mobilière actuelle, qui est mal établie, qui fait que ceux qui possèdent beaucoup ne paient pas assez, on pourra alors faire appel aux avis de tous les hommes compétents. Mais, en tous cas, dans cette étude, il est une chose qu'il faudra rigoureusement écarter, ce sont les taxations basées sur les déclarations, par conséquent sur les investigations du fisc dans nos familles, dans nos domiciles personnels, dans ce qui constitue nos ressources, notre liberté et notre droit individuel. C'est le système prussien, absolument contraire à l'esprit français ; nous ne l'accepterons jamais. L'empire allemand a voulu récemment l'imposer à l'Alsace-Lorraine, il a dû y renoncer.

Je suis volontiers partisan d'une différence de taxation d'après la nature des revenus ou des capitaux. Je considère que les capitaux ou les revenus immobilisés doivent payer davantage que les capitaux ou les revenus du commerce et de l'industrie, et que ceux qui constituent les rémunérations ou les salaires du travail. Mais je ne suis pas pour l'impôt progressif, parce que cet impôt, si modéré qu'il soit aujourd'hui, peut être très élevé demain.

Le parti qui nous menace à chaque instant de cette nationalisation de la propriété dont je vous parlais tout à l'heure, et qui approuve avec tant d'enthousiasme le principe de la progressivité nous donne par là même un avertissement. D'ailleurs il ne se cache pas pour dire que ce n'est qu'un premier pas vers le nivellement de la propriété. Eh bien, nous ne voulons pas de ce nivellement ; nous estimons que le principe démocratique « à chacun selon ses œuvres » est juste et nécessaire. En ne le respectant pas, vous supprimeriez l'initiative, l'émulation, l'impulsion, qui font que l'homme habile, intelligent, se tirera d'affaire, pourra se créer un patrimoine, ou bien l'agrandir pour ses enfants et au profit de la fortune nationale. Il faut voir la nature humaine telle qu'elle est, telle qu'elle restera sous l'influence des mobiles, des intérêts ou des passions qui sont de son essence. Et c'est le cas ici de répéter après Pascal : « Qui veut trop faire l'ange fait la bête. » (Applaudissements et rires).

Dans les entreprises humaines, il convient de maintenir toujours l'émulation entre les patrons et les travailleurs ; à ce point de vue j'ai toujours été et je reste partisan de la participation aux bénéfices. Là où il n'y a pas d'émulation, il n'y a pas d'entreprise, d'industrie, de travail perfectibles. (Bravos prolongés).

L'IMPÔT PROGRESSIF

Je ne suis pas partisan de l'impôt progressif annuel sur le revenu même sans taxation ni déclaration, parce que le développement de la fortune individuelle en serait atteint. Lorsqu'une génération disparaît elle doit payer des droits de succession, c'est-à-dire la part que chacun de nous en mourant doit au corps social, à l'État, pour la protection qu'il en a reçue dans sa personne, dans sa famille et dans ses intérêts, et pour la participation qu'il doit à l'entretien et à la consolidation de l'édifice social et national. Il n'est alors que juste que celui qui disparaît paie en raison de ce qu'il a pu acquérir.

Vous savez que les héritiers versent d'autant plus au fisc que les successions leur viennent d'une parenté plus éloignée. Ce n'est que juste, c'est l'intérêt moral de la famille qui le veut. Mais ceci ne me paraît pas suffisant. Il me pa-

raît non moins rationnel que la taxe soit d'autant plus éle-
vée, quand la fortune change de mains, tous les 25 ans en
moyenne, que la succsesion est plus forte. A cette condition, cependant, que le montant des droits de succession
n'atteindra pas un degré tel qu'il nous achemine vers le
nivellement que les socialistes ont en vue, bien que je ne le
redoute pas, parce que le pays n'en supporterait pas longtemps l'injustice.

Si nous avions l'impôt progressif annuel sur le ou les revenus, qu'arriverait-il ? C'est que la source s'en tarirait peu
à peu, et qu'au lieu d'atteindre la fortune où elle est, on
verrait le poids de l'impôt retomber en grande partie sur la
propriété immobilière, la seule qui ne se dissimule pas, surtout sur la propriété rurale, pour l'écraser et l'avilir.

LES IMPÔTS INDIRECTS

Dans un autre ordre d'idées, je voudrais que le gouvernement — dont je n'ai à dire ici ni du mal ni du bien,
parce qu'il n'est pas en cause — je voudrais que M. Bourgeois, chef du ministère actuel, orateur au talent, à l'habileté duquel je suis heureux de rendre, en passant, un public et très sincère hommage — que M. Bourgeois qui a
déclaré que la proposition d'impôt progressif et global sur
le revenu, n'était qu'une compensation pour les charges trop
considérables que la population ouvrière éprouvait du fait
des contributions indirectes, au lieu de proposer l'impôt
progressif, sous prétexte d'établir une compensation à des
impôts mal établis, eût fait proposer au contraire une révision rationnelle de ces impôts. Pourquoi ne pas s'attaquer
aux contributions indirectes, puisqu'elles sont mauvaises,
au lieu de chercher à faire des compensations injustes ?
Supprimez donc ce qu'il y a dans les contributions indirectes d'écrasant et de mauvais pour ceux qui ne vivent que
de leur travail, c'est-à-dire tous les impôts sur les matières alimentaires de première nécessité, qu'il s'agisse des
impôts de l'Etat ou de l'octroi des villes. Voilà ce qu'il faut
faire ? (Bravos et applaudissements répétés).

LA MOBILISATION DES CAPITAUX

Là ne doit pas se borner la tâche des gouvernants, pour
mettre dans notre société plus de justice.

Une faute ou tout au moins une négligence a été com-
mise par les hommes qui ont passé au pouvoir depuis vingt
ans. Ils ne se sont pas suffisamment préoccupés d'un meil-
leur emploi, de l'utilisation de la fortune et de l'épargne
nationales. Je touche à un point assez délicat, mais je
désire ne rien omettre. Je crois que c'est un très mauvais
système que celui qui consiste à laisser entre les mains de
l'Etat, à la caisse des dépôts et consignations, les 5 mil-

liards de l'épargne et de la prévoyance et de les laisser dans l'inactivité, qu'ils soient représentés en monnaie métallique ou en papier, surtout en titres de rente, car les valeurs de chemins de fer, les valeurs industrielles diverses, du Crédit foncier, des chambres de commerce, etc., sont encore des valeurs qui s'appuient sur des entreprises du travail.

Le pays se trouverait bien d'une diffusion intelligente et prudente des capitaux de son épargne du côté des entreprises d'utilité publique. Dans les diverses discussions du budget, j'ai été frappé de ce que personne n'ait protesté contre la diminution du budget des travaux publics. Voilà un genre d'économie dont il conviendrait de se garder ! Qui supporte en effet les conséquences de cette diminution sinon l'industrie, les entrepreneurs, les ouvriers et le pays ? Il faut, au contraire, développer nos travaux publics, d'autant plus qu'il n'est pas douteux qu'il reste toujours quelque chose d'utile à faire sur un point ou sur un autre de la France. Ce n'est donc pas de ce côté qu'il faut chercher des économies, bien que la bonne gestion des deniers des contribuables soit la condition essentielle à remplir pour assurer à la France de bonnes finances protectrices de notre crédit et de notre sécurité.

Je dis qu'une mobilisation plus grande des capitaux est indispensable. On a eu tort, lorsqu'on a discuté la nouvelle loi sur les caisses d'épargne, de ne pas adopter une motion qui avait été présentée par un certain nombre de députés appartenant aux divers côtés de la Chambre, notamment par MM. Siegfried, Léon Say, Aynard, Hubbard, et concernant la création de caisses d'épargne libres, qui, tout en recevant les dépôts de leur clientèle, auraient eu en même temps la faculté de faire des prêts sous la condition de sérieuses et fermes garanties. Cette organisation du crédit du travail industriel et agricole, fonctionne avec succès en Allemagne et en Italie. Il faudra que nous y arrivions aussi ; il faudra qu'on comprenne bien que ce n'est pas en laissant l'argent de l'épargne dans les vieux bas de laine qui s'appellent aujourd'hui la Caisse des Dépôts et Consignations ou la rente, — qu'on le fera fructifier. L'épargne publique ne fructifie que lorsqu'on la répand comme une pluie bienfaisante... C'est comme cela que les moissons germent et grandissent. (Approbations unanimes). C'est aussi de la sorte qu'on peut éviter à l'argent du pays de se lancer dans les entreprises aventureuses.

Je n'en ai plus pour longtemps et je m'excuse de retenir encore votre attention bienveillante.

LES SYNDICATS PROFESSIONNELS

En 1884, le parti républicain avait fait, avec la législation sur les syndicats professionnels une loi qu'il croyait bonne.

J'ai défendu, en 1873, alors que j'étais dans la presse girondine, le droit des syndicats demandant à être reconnus par la loi. Nous croyions alors, dans la presse républicaine, que les syndicats, une fois régulièrement reconnus, s'occuperaient exclusivement d'intérêts professionnels, étudieraient toutes les questions concernant les conditions de fonctionnement de leurs industries, celles relatives aux matières premières, aux heures de travail, aux salaires, à la concurrence et, en général, aux causes de décadence ou de prospérité professionnelle. Nous n'aurions jamais pensé que les syndicats auraient généralement méconnu, mis de côté la solidarité incontestable qui existe, et qui doit se fortifier au lieu de se rompre, entre les intérêts des ouvriers et ceux des patrons, entre les intérêts du travail et ceux du capital.

Les évènements nous ont malheureusement fait revenir de ces illusions. Les associations syndicales professionnelles sont devenues le plus souvent, trop souvent, des instruments d'agitation politique, de guerre et de lutte, au lieu d'être des centres d'études, d'instruction et de pacification. Je ne puis, à cet égard, exprimer qu'un vœu, c'est que les syndicats qui existant du fait de la loi qui fut élaborée en 1884, sous le ministère de MM. Jules Ferry et Waldeck-Rousseau, reviennent à la pensée originelle d'où elle est sortie.

LA PRÉVOYANCE ET LA SOLIDARITÉ

Il est certain aussi que les lois sur la coopération ne peuvent que fortifier le mouvement d'amélioration sociale qui est dans les aspirations de la démocratie française. Les pouvoirs publics ont encore autre chose à faire dans l'ordre de la prévoyance et de la solidarité sociale. Il a été déposé de nombreux projets de lois concernant les diverses formes de l'assurance : assurance contre les maladies, contre les accidents, sur la vie ou contre la vieillesse. Ces projets n'ont fait que suivre — il faut bien le reconnaître, — le progrès qui s'est manifesté sur certains points du territoire dans un grand nombre d'agglomérations, soit industrielles, soit agricoles, soit municipales. L'Exposition universelle de 1889 fut, à ce point de vue, dans la section d'économie sociale, une véritable révélation. C'est de ce côté que les efforts de tout homme de progrès doivent porter. Il est bien certain que lorsque nous aurons pu organiser en même temps la protection de l'enfance abandonnée, depuis le plus bas âge jusqu'à l'adolescence, nous aurons pu préparer l'accomplissement des œuvres les plus belles du progrès social.

Ainsi, je connais à Paris — et j'ai récemment assisté à une de ses fêtes — une société qui s'est fondée d'une façon véritablement admirable. C'était en 1869. Un ouvrier bijoutier, aimé de ses camarades, meurt presque subitement. Il était tout jeune — 35 à 40 ans — il laissait 4 ou 5 enfants et une veuve sans ressources. Le jour des obsèques, il vint à l'idée des camarades, qui l'accompagnaient à sa dernière demeure, de se constituer les tuteurs des enfants, en se cotisant ensemble. Les patrons de ces ouvriers bijoutiers le surent. Ils voulurent s'associer à cette action généreuse. Et, depuis cette époque, l'orphelinat de la bijouterie et de la joaillerie à Paris, ouvriers et patrons réunis, a été fondé. Il n'y a plus maintenant à Paris d'ouvrier bijoutier ou joaillier qui, mourant en laissant une femme et des enfants sans ressources, ne soit sûr qu'ils seront immédiatement recueillis et secourus, non point sous la forme d'une aumône, mais sous la forme plus féconde et noble de la solidarité ouvrière et industrielle. Les enfants sont assurés de vivre depuis leur bas âge, l'orphelinat a soin de leur instruction et il les suit jusqu'après leur apprentissage, c'est-à-dire jusqu'au moment où ils sont aptes à lutter eux aussi pour l'existence. N'est-ce pas là un exemple qui en dit long sur ce que peut l'esprit de prévoyance et de solidarité ? (Applaudissements)

Dans le domaine si étendu des assurances pour la vie, contre les accidents, contre la vieillesse, l'intervention du législateur est indispensable, aussi bien pour en assurer la bonne direction et la durée que pour encourager ces œuvres de la mutualité prévoyante dont les modèles et les exemples multipliés, témoignent chaque jour qu'elles ne sont pas du domaine de l'utopie. Il y a là des choses réalisables, tangibles, nécessaires ; les accomplir est un devoir de justice et de fraternité. (Applaudissements)

Messieurs, j'ai terminé, je n'ai plus dans l'ordre d'idées des progrès à réaliser qu'une dernière observation à soumettre à votre bienveillante attention. Parmi ces progrès il en est un surtout qui demande impérieusement à être réalisé, qui doit devancer tous les autres : c'est le progrès que nous avons à faire sur nous-mêmes.

V. Les Mœurs Publiques

Nos mœurs publiques sont déplorables. Républicains, nous avions espéré qu'il surgirait de la liberté un épanouissement de bienfaits et de progrès tel que les forces vitales de la France en auraient été décuplées. Eh bien, non, nous avons été déçus. Il faut l'oser dire. Ni la liberté de réunion publique, ni la liberté de la presse n'ont donné les résultats précieux de toute sorte que nous en avions espérés. Au lieu d'être comme nous l'avions pensé, l'instrument de vulgarisation des idées saines, l'interprète des discussions sérieuses et utiles la presse est devenue, depuis quelques années, un instrument de désorganisation et de violence. C'est contre cela qu'il faut réagir. Voilà le mal et voilà d'où il vient. C'est lui qu'il faut combattre à outrance, et combattre avec les arguments de la raison.

Je n'ai pas, pour ma part, étant un travailleur de la presse, à défendre ou à attaquer les polémistes qui ont cru devoir vivre par l'exagération de leurs écrits ou de leurs agressions personnelles. Je n'ai pas à examiner si les polémiques exagérées dont le Panama — il faut prononcer le mot — a été l'occasion, la raison et plus souvent le prétexte, n'ont pas été utilisées pour des intérêts de parti. Je n'ai pas à examiner si ce sont les opportunistes, les radicaux ou les monarchistes qui ont été plus ou moins atteints par les scandales du Panama, ni de quel côté il y a eu plus ou moins de corrupteurs et de corrompus. Ce que je sais, c'est que depuis trop longtemps on piétine dans une voie qui n'est pas faite pour les partis et pour les professions qui se respectent. (Applaudissements). Il faut absolument laisser cela de côté. Il y a au-dessus de nous non seulement une justice immanente, il y a aussi la justice de la République ; mais laissez passer surtout la justice de la conscience humaine (Applaudissements). Faisons bien attention à ceci, c'est qu'avec ces mœurs et ces procédés déplorables, on éloigne de la gestion des affaires publiques nombre d'hommes de mérite qui ne demanderaient pas mieux que d'y apporter leur concours désintéressé. Il leur suffit de se trouver en présence d'un journal à la tête duquel un Saltabadil quelconque, est prêt à tout, à fouiller dans leur vie privée, ou dans celle de leurs familles pour qu'ils se réfugient dans la retraite.

Or que peut-il arriver ensuite ? C'est que lorsqu'on a fait le vide autour des affaires publiques, lorsqu'on a menacé tout le monde et jeté la suspicion partout, il ne reste plus de place que pour les bohèmes et les pirates ! (vifs applaudissements).

Un homme qui, dans notre pays, jouit de l'estime générale et qui appartient au parti radical, un de nos plus éminents publicistes, M. Ranc, écrivait ceci ces jours-ci dans le « Matin » en envisageant la difficulté de trouver désormais des ministres à la hauteur de leur tâche : « On a si bien travaillé depuis quelques années, au grand profit des ennemis de la République, à rendre impossible ses meilleurs serviteurs...... On a coupé malheureusement tant de têtes et des plus hautes... » Eh bien ! Messieurs, le premier progrès que nous ayons à accomplir, que ce soit dans le cercle restreint de nos amis, dans les grandes et les petites villes, dans les conseils municipaux ou au parlement c'est d'en finir au plus tôt avec cette politique de coupeurs de têtes.

Il faut au contraire nous respecter les uns les autres pour nous respecter nous-mêmes et mettre en pratique entre républicains l'article nouveau du programme de l'enseignement public et obligatoire qui prescrit pour nos enfants l'éducation morale et civique. Cette éducation morale et civique pratiquons là envers nous-mêmes !

Messieurs, j'ai dit.

(Triple salve d'applaudissements. L'orateur en descendant de la tribune est vivement félicité).